GROUPEMENT DES ASSOCIATIONS FRANÇAISES DE PROPRIÉTAIRES D'APPAREILS A VAPEUR

ARRÊTÉ ET CIRCULAIRE

DU MINISTRE DES TRAVAUX PUBLICS

EN DATE DU

25 MARS 1930

RELATIFS A

L'USAGE DE LA SOUDURE AUTOGÈNE

DANS

LA CONSTRUCTION ET LA RÉPARATION

DES APPAREILS A VAPEUR

MULHOUSE — IMPRIMERIE BADER & Cⁱᵉ
1930

ARRÊTÉ MINISTÉRIEL DU 25 MARS 1930

RELATIF A

L'USAGE DE LA SOUDURE AUTOGÈNE

dans la construction et la réparation des appareils à vapeur. [1]

Le ministre des travaux publics,

Vu le décret du 2 avril 1926, portant règlement sur les générateurs et les récipients de vapeur autre que ceux qui sont placés à bord des bateaux, modifié et complété par le décret du 25 août 1929, et spécialement son article 2, paragraphe 2me, ainsi conçu :

L'emploi de la soudure, tant dans la construction que dans la réparation des appareils à vapeur, peut être subordonné à des conditions fixées par des arrêtés du ministre des travaux publics, après avis de la commission centrale des machines à vapeur ;

Vu les avis de la commission centrale des machines à vapeur, en date des 14 mai 1929 et 11 février 1930,

Arrête :

ART. 1er. — Dans la construction et la réparation des générateurs de vapeur, ainsi que des récipients assujettis aux articles 32 à 36 du décret du 2 avril 1926, l'usage de la soudure dite autogène, au chalumeau oxy-acétylénique ou à l'arc électrique, sur des tôles ou pièces de fer ou d'acier, est subordonné, en même temps qu'aux dispositions générales de l'article 2 dudit décret aux dispositions spéciales ci-après, toutes les fois que la soudure doit intervenir par sa résistance dans la sécurité d'emploi de l'appareil.

---

[1] Publié au *Journal Officiel* du 4 avril 1930.

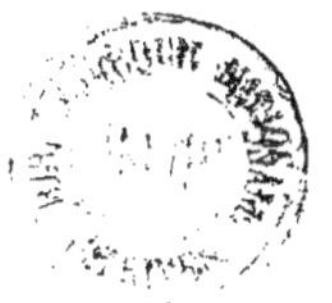

Art. 2. — La soudure ne peut être employée, sur les tôles ou pièces d'acier, que si l'acier est de qualité soudable et non fragile.

Art. 3. — Il est interdit de faire usage de la soudure dans des parties ayant à travailler à la flexion, à moins qu'il ne s'agisse de parties solidement maintenues par un fort entretoisement.

Lorsqu'il est fait usage de la soudure dans des parties ayant à travailler à la traction, la résistance de la soudure ne doit pas être comptée pour plus de la moitié de la résistance qui existerait s'il y avait continuité du métal sans soudure.

De toute façon il est interdit de fabriquer ou de réparer par soudure les boulons, tirants ou entretoises ayant à supporter des efforts de traction.

Art. 4. — Il ne doit être effectué de soudure que si, sur ses deux faces et dans toute son étendue, la soudure peut être vue de manière à permettre la vérification efficace de sa bonne exécution. Toutefois, dans l'exécution des assemblages transversaux des éléments de petite section, tels que les tubes à fumée, les tubes et les collecteurs de surchauffeurs, la visibilité sur la face interne n'est pas obligatoire.

Le raboutage par soudure des tubes à eau des chaudières aquatubulaires est interdit.

Art. 5. — L'assemblage des deux tôles en prolongement l'une de l'autre au moyen de la soudure doit répondre aux conditions suivantes :

Les tôles à assembler doivent avoir même épaisseur ou des épaisseurs ne différant pas de plus de 20 % de l'épaisseur la plus forte. Elles doivent être chanfreinées sur toute leur épaisseur, de manière à laisser entre elles, avant soudure, un vide en forme de V ou de X ; les chanfreins qui seraient dégrossis par découpage à chaud doivent être repris et achevés par enlèvement de métal à froid.

Dans l'exécution de la soudure en V, les deux tôles sur la face opposée à l'ouverture du V, doivent être exactement dans le prolongement l'une de l'autre. L'apport de métal en fusion doit, non seulement combler le vide, mais produire une surépaisseur régulière et modérée, sans caniveau ni sillon le long de la soudure, et faire apparaître sur la face opposée un bourrelet continu ou une suite de goutelettes suffisamment rapprochées et bien réparties.

C'est seulement après vérification de la production de ce bourrelet ou de ces goutelettes qu'il peut être procédé à la reprise à l'envers.

Pour la soudure en X, il est procédé à l'exécution de la soudure sur l'une des faces et à la vérification de la bonne pénétration par examen de l'envers, comme il est indiqué ci-dessus pour la soudure en V ; on effectue ensuite la soudure sur la face opposée.

Les surépaisseurs, bourrelets et gouttelettes ne doivent pas être enlevés, sauf en cas de nécessité relative à la construction ou à l'emploi de l'appareil dont la pièce soudée doit faire partie.

Art. 6. — Si une soudure fuit, elle ne doit pas être étanchée par matage ou simple rechargement, mais franchement refaite dans la partie défectueuse.

Art. 7. — L'emploi de la soudure pour recharger des tôles ayant subi par corrosion des diminutions d'épaisseur n'est admis que dans les circonstances suivantes et sous réserve qu'il satisfasse déjà aux prescriptions des articles précédents :

1° Lorsque la corrosion est peu étendue et que sa profondeur ne dépasse pas 25 % de l'épaisseur primitive ;

2° Lorsqu'il s'agit de points de corrosion isolés, environnés de métal sain et ne constituant pas, par leur disposition, des lignes de faible résistance.

Toutefois, les limitations précédentes ne sont pas de rigueur dans les parties solidement maintenues par un fort entretoisement.

Art. 8. — L'exécution des soudures ne doit être confiée qu'à un personnel expérimenté et affecté à ce travail, soit exclusivement, soit d'une manière assez habituelle pour conserver l'entraînement nécessaire.

Les constructeurs ou réparateurs ne doivent effectuer personnellement ledit travail que s'ils possèdent eux-mêmes cette expérience et cet entraînement.

La surveillance de l'exécution des soudures et la vérification de celles-ci ne doivent être confiées qu'à des personnes compétentes et expérimentées.

Art. 9. — Lors des épreuves consécutives à l'exécution de soudures les lignes de ces soudures doivent être explorées, pendant que l'appareil est sous pression hydraulique, au moyen d'un marteau de masse appropriée.

Art. 10. — Des dérogations aux dispositions du présent arrêté peuvent être accordées par décision ministérielle, sur le rapport des ingénieurs des Mines et après avis de la commission centrale des machines à vapeur.

Fait à Paris, le 25 mars 1930.

Pour le ministre des travaux publics et par délégation :

*Le sous-secrétaire d'Etat au ministère des
travaux publics,*
Falcoz.

CIRCULAIRE MINISTÉRIELLE

PORTANT NOTIFICATION D'UN

ARRÊTÉ RELATIF A L'USAGE DE LA SOUDURE AUTOGÈNE
dans la construction et la réparation des appareils à vapeur.

Paris, le 25 mars 1930.

*Le ministre des travaux publics, à M. le préfet du départe-
ment d* . . . . . .

J'ai l'honneur de vous adresser ampliation d'un arrêté en date de ce jour, pris en vertu de l'article 2 du décret du 2 avril 1926 modifié par celui du 25 août 1929, et relatif à l'usage de la soudure autogène, au chalumeau oxy-acétylénique ou à l'arc électrique, dans la construction et la réparation des appareils à vapeur.

Je me propose, dans la présente circulaire, de donner sur les dispositions de cet arrêté, en suivant l'ordre des articles, des explications destinées à en guider l'application.

Art. 1er. — Les appareils auxquels s'applique l'arrêté sont :

1° Les générateurs de vapeur, expression qui comprend, en même temps que les chaudières, les réchauffeurs d'eau sous pression et les surchauffeurs de vapeur. On notera toutefois que les générateurs d'une capacité inférieure à 25 litres et ceux où la pression effective ne peut dépasser un tiers d'hectopièze, n'étant assujettis à aucun des articles du règlement autres que l'article 44, échappent à cet arrêté qui a pour base l'article 2 du règlement ;

2° Les récipients de vapeur tombant sous l'application du titre IV (art. 32 à 63), autrement dit tous ceux non compris dans les exceptions de l'article 1er du règlement.

Les tuyauteries de vapeur ne sont pas visées par l'arrêté.

D'autre part, l'arrêté ne vise pas la soudure sur tous les métaux, mais seulement celle portant sur des tôles ou pièces de fer ou d'acier.

Il ne s'occupe pas de tous les procédés de soudure, mais uniquement de la soudure avec apport de métal, dite autogène, exécutée soit au chalumeau soit à l'arc électrique.

Il n'envisage dans le premier cas, pour l'alimentation du chalumeau, d'autre combustible que l'acétylène. En l'état présent de la technique, en effet, tout autre mode d'alimentation doit être considéré comme contraire aux règles de l'art, lorsqu'il s'agit de la construction ou de la réparation des appareils à vapeur ; le chalumeau oxy-hydrique a une flamme trop froide et trop oxydante ; les chalumeaux au gaz d'éclairage, au benzol ou aux autres hydrocarbures peuvent présenter les mêmes inconvénients et, en outre, n'ont pas toujours un fonctionnement suffisamment régulier.

Ces diverses restrictions ne veulent pas dire que, en dehors des cas et des procédés dont l'arrêté s'occupe, toute soudure soit interdite, ni inversement qu'elle puisse être employée en toute circonstance et de façon quelconque. Mais, en dehors du cadre d'application de l'arrêté, la question de savoir si la soudure peut être employée dans tel ou tel cas et de telle ou telle manière reste laissée à l'appréciation du constructeur ou du réparateur sous sa responsabilité, conformément au principe général posé par l'article 2 du règlement ; tandis que, dans le cadre d'application de l'arrêté, la liberté du constructeur ou du réparateur est limitée par l'obligation qui lui est faite d'observer certaines règles impérativement énoncées.

Je rappelle à cette occasion que, en vertu de l'article 4 du décret du 2 avril 1926 modifié par l'article 1er du décret du 25 août 1929, ainsi que des articles 28 et 32 du même règlement, l'état descriptif qui accompagne toute demande d'épreuve d'un appareil neuf doit donner, avec référence à un dessin coté, l'emplacement et le procédé d'exécution des soudures.

Art. 2. — L'article 2 rend obligatoire une condition dont la nécessité va de soi.

En construction neuve, le choix d'aciers soudables ne souffre pas de difficulté. Les aciers ordinaires au carbone se soudent facilement lorsqu'ils contiennent moins de 0,15 °/₀ de carbone et qu'ils sont bien exempts de soufre et de phosphore. La soudabilité décroît lorsque la teneur en carbone augmente ; par contre elle est favorisée par la présence de manganèse ; mais les impuretés comme le soufre et le phosphore la compromettent très facilement. Aussi doit-on éviter l'emploi d'acier Thomas et s'en tenir à l'acier Martin-Siemens ou à l'acier électrique, bien exempt de fragilité et appartenant à la nuance la plus douce des tôles pour chaudières, c'est-à-dire à celle dont la résistance aux essais de rupture par traction est comprise entre 36 et 42 myriapièzes. Un essai direct de soudure sur éprouvettes permet de vérifier la soudabilité. Quant à l'absence de fragilité, on dispose aussi pour la vérifier d'un procédé direct, c'est l'essai de résilience.

En matière de réparations, une difficulté spéciale peut se présenter ; c'est lorsqu'on se trouve dans l'ignorance de la nature ou des qualités du métal des tôles ou autres pièces sur lesquelles la soudure doit porter. Il importe, en ce cas, avant d'adopter la soudure comme procédé de réparation de vérifier directement à quel métal on a affaire, tout au moins par un essai à la bille de Brinell.

Art. 3. — La nécessité des dispositions de l'article 3 résulte de ce que, le long d'une ligne de soudure, le métal, à la suite de la fusion et du refroidissement qu'il a subis, se trouve plus ou moins modifié, dans ses qualités mécaniques, si bien exécutée que soit la soudure.

On ne saurait donc, le long de cette ligne, faire état des qualités initiales du métal, notamment en ce qui concerne l'aptitude à subir les efforts variables et répétés, surtout s'il s'agissait de parties exposées à subir des déformations par flexion.

Or il ne doit pas être perdu de vue que, dans les appareils à vapeur, les efforts résultant de la pression du fluide et les dilatations thermiques sont essentiellement des efforts répétés, subissant d'amples variations au début et à la fin de chaque période de travail et, en cours de service, des variations moindres, mais incessantes.

On distingue communément, entre les différentes parties d'un appareil à vapeur, selon qu'elles ont à travailler à la flexion, à la traction ou à la compression. Ce ne sont pas là des distinctions rigoureuses ; en réalité, les parties travaillant à la traction ou à la compression ont souvent à supporter, en même temps, des efforts de flexion. Il n'est permis de négliger ceux-ci et de considérer la pièce comme travaillant uniquement à la traction ou uniquement à la compression que si l'on n'a affaire qu'à des efforts de flexion sans réelle importance, tels que ceux provenant seulement de très légères irrégularités de la forme des pièces.

Cela posé, l'article 3 de l'arrêté ne contient pas de restrictions spéciales en ce qui concerne l'emploi de la soudure dans les parties ayant à travailler uniquement à la compression ; mais il comprend deux paragraphes, respectivement relatifs aux parties ayant à travailler à la flexion et à celles ayant à travailler à la traction.

§ 1er. — Dans les parties ayant à travailler à la flexion, l'usage de la soudure est interdit. Telle est la règle générale.

Cette règle ne souffre d'exception que dans le cas où la partie sollicitée à la flexion est solidement maintenue par un fort entretoisement. Par entretoisement, il faut entendre soit l'assujettissement au moyen d'entretoises telles que les entretoises filetées, qui raidissent les parois planes des lames d'eau, soit tout autre système de liaisons efficaces.

Si l'entretoisement ne s'oppose pas complètement à la déformation par flexion, il empêche, du moins, en cas de défaillance de la soudure, l'avarie de dégénérer en accident grave.

C'est pourquoi, dans les locomotives à foyer d'acier, la soudure à l'arc est employée pour certaines réparations des faces verticales du foyer, notamment dans ceux des arrondis de leurs bords, qui sont fortement maintenus par les entretoises, tubes ou pièces de soutien.

Par contre, l'emploi de la soudure est interdit dans le fond terminal d'un corps de chaudière ou de toute autre capacité soumise à la pression intérieure (et en particulier dans le congé périphérique de ce fond) toutes les fois qu'il s'agit d'un fond non entretoisé, lequel, même convenablement bombé, tend inévitablement à faire soufflet sous l'action des variations de la pression. Cette tendance se traduit, surtout dans la zone du congé périphérique, par des efforts de flexion auxquels la tôle est appelée à résister. Elle peut le faire si le profil est bon et si la tôle est d'épaisseur et de qualité convenables ; mais une soudure n'y serait pas à sa place.

L'interdiction de la soudure dans les parties exposées aux

efforts de flexion s'applique, en particulier, à l'angle dièdre, formé par deux tôles se joignant angulairement toutes les fois que cet angle est tant soit peu déformable, car la tendance à la déformation dudit angle se traduit par des efforts de flexion d'autant plus intenses qu'ils sont étroitement localisés. A cela s'ajoute cette circonstance défavorable qu'une soudure sur l'angle n'est généralement pas facile à exécuter dans des conditions donnant toute garantie, ni à vérifier du côté rentrant. C'est pour ces motifs que la circulaire du 3 décembre 1926 disait (N° 12, *d*) :

« Deux tôles se joignant angulairement ne doivent pas être assemblées par soudure sur l'angle, sous peine de n'obtenir de résistance assurée ni contre les efforts tendant à déformer l'angle, ni contre ceux tendant à faire bâiller l'assemblage. »

La règle formulée au paragraphe 1er de l'article 3 de l'arrêté est à la fois plus générale et moins absolue que l'indication précédente. Elle est plus générale, attendu que, en dehors de l'hypothèse des deux tôles se joignant angulairement, les appareils à vapeur présentent fréquemment des dispositions dans lesquelles certaines parties travaillent à la flexion. Elle est moins absolue, en ce sens qu'elle corrige ce qu'aurait eu d'excessif l'interdiction de l'emploi de la soudure dans n'importe quelle jonction angulaire.

Par exemple, dans certaines chaudières cylindriques à foyer intérieur, le foyer est muni de bouilleurs transversaux. La jonction de ceux-ci avec le foyer, bien qu'angulaire, peut, moyennant des précautions convenables, être réalisée par soudure, parce que l'angle ne tend pas à se déformer, que les bouilleurs jouent, par rapport aux parties évidées du foyer, le rôle d'entretoises et que la pression intérieure s'exerce de façon à resserrer l'assemblage et non à le faire bâiller.

Par contre, dans la construction des chaudières du type Field, certains constructeurs ont cru pouvoir, au bas de l'appareil, réaliser la jonction du foyer intérieur et du corps cylindrique au moyen d'une semelle plate soudée angulairement à l'un et à l'autre, ou d'un rabattement de la tôle du foyer soudé angulairement au corps cylindrique ; en pareil cas, les effets de pression et les inégalités de dilatation thermique soumettaient les soudures à des efforts de flexion pernicieux et des accidents mortels se sont produits. C'est ce qui a motivé la circulaire du 25 janvier 1929, dont je maintiens les instructions au sujet de l'épreuve de ces chaudières.

§ 2. — Dans les parties ayant à travailler à la traction, le paragraphe 2, de l'article 3, interdit de compter la résistance de la soudure pour plus de moitié de la résistance qui existerait s'il y avait continuité du métal sans soudure.

On pourrait être surpris de trouver ici une limitation de cette nature, alors que le règlement ne fixe nulle part le coefficient de sécurité avec lequel la construction doit être calculée ni par conséquent la valeur de l'effort qui peut être demandé au métal supposé continu et sans soudure. Mais il ne faut pas perdre de vue que le principe de responsabilité posé à l'article 2 du règlement fait au constructeur ou réparateur une obligation générale d'observer les règles de l'art. Or celles-ci peuvent suffire pour guider le calcul dans l'hypothèse d'une pièce sans soudure ni assemblage ; elles peuvent suffire aussi lorsqu'on a à tenir compte de l'affaiblissement résultant de l'interposition de certains assemblages tels que les divers types de rivures ; mais, lorsqu'il s'agit de tenir compte de l'affaiblissement susceptible d'être produit par l'interposition d'une soudure dont le module de résistance est quelque peu variable et incertain, il a été jugé indispensable que l'administration intervienne pour imposer un maximum à la valeur du rapport à introduire dans le calcul entre la résistance de la soudure et celle du métal supposé continu et non soudé.

Dans la fixation du chiffre, il a été tenu compte non seulement des considérations relatives à la résistance à la rupture par traction, mais aussi de celles concernant les autres qualités du métal, en particulier de la ductilité et des modifications dont ces qualités sont susceptibles du fait des élévations de température et des dilatations répétées. On remarquera que le chiffre de 1/2 ne diffère guère de celui de 0,55 généralement admis pour le coefficient de résistance d'une rivure à recouvrement et à un rang de rivets, de telle sorte qu'un corps cylindrique pourra être établi sensiblement avec la même épaisseur, que la virole soit soudée longitudinalement ou rivée sur elle-même par rivure à recouvrement à un rang.

Quant à l'interdiction absolue prononcée à la fin de l'article 3, de fabriquer ou de réparer par soudure les boulons, tirants ou entretoises ayant à travailler à la traction, elle est justifiée par la nature des efforts auxquels ces pièces sont exposées, par l'importance de leur rôle et par divers accidents survenus.

Art. 4. — L'article 4 formule une règle de haute importance en disant qu'il ne doit être effectué de soudure que si, sur ses deux faces et sur toute son étendue, la soudure peut être vue de manière à permettre la vérification efficace de sa bonne exécution.

Lorsqu'on a, pour effectuer la soudure, à opérer sur l'une ou l'autre face, cette condition est naturellement remplie, puisqu'il faut que les deux faces soient non seulement visibles, mais accessibles. C'est le cas lorsque, pour souder deux tôles en prolongement l'une de l'autre, on emploie la soudure en X, ou encore lorsqu'on emploie la soudure en V accompagnée ou suivie d'une reprise à l'envers. Par contre, une soudure telle qu'une soudure en V, sans reprise à l'envers, pourrait être exécutée sans que l'envers fût visible. Mais c'est ce que l'article 4 ne permet pas. Seule, en effet, la visibilité de l'envers, lors de l'exécution d'une soudure, est capable de mettre en évidence certains défauts tels que l'insuffisance de pénétration du métal d'apport. Seule aussi, elle permet de vérifier avec précision si les arêtes des chanfrains sont exactement en regard l'une de l'autre.

Plus cette visibilité est large et facile, mieux cela vaut. On peut cependant à la rigueur, dans certains cas, se contenter d'une visibilité indirecte, telle que celle que procure l'emploi de miroirs et de moyens d'éclairage appropriés.

L'article 4 admet qu'il soit dérogé à la règle de la visibilité de l'envers dans l'exécution des assemblages transversaux des éléments de petite section, tels que les tubes à fumée, ou encore les tubes et collecteurs de surchauffeurs.

En ce qui concerne les tubes à eau des chaudières aquatubulaires, l'arrêté interdit en tout état de cause leur raboutage par soudure, ce qui doit s'entendre, conformément au principe posé à l'article 1er de l'arrêté, d'un raboutage dont la résistance dépendrait de la soudure elle-même ; l'interdiction ne vise pas l'addition de soudure, pour l'étanchéité, sur une partie raboutée par un assemblage mécanique.

On remarquera que l'arrêté, pris en lui-même, ne rend obligatoire la visibilité des lignes de soudure sur l'une et l'autre face, que lors de l'exécution de chaque soudure, à titre de condition nécessaire à une exécution offrant toute garantie. Mais la visibilité, directe ou indirecte, des lignes de soudure sur les deux faces, importe d'autre part à l'efficacité des visites complètes prescrites par l'article 39 du décret du 2 avril 1926, et c'est là une condition dont il faut se préoccuper lors de la construction des appareils à vapeur comportant des soudures, notamment quant au nombre et à l'emplacement de leurs orifices, lorsqu'il s'agit de procéder aux visites de ces appareils en ce qui touche les démontages ou déblocages à effectuer.

ART. 5. — L'article 5 règle les conditions dans lesquelles il doit être procédé à la soudure de deux tôles en prolongement l'une de l'autre. C'est un cas type qui se présente fréquemment.

Les tôles à réunir ont ordinairement même épaisseur. Il peut arriver cependant qu'il en soit autrement, par exemple lorsqu'il s'agit de l'adaptation d'un fonds à l'extrémité d'un corps cylindrique. Le fond qui est à bord tombé, c'est-à-dire dont la périphérie a reçu par emboutissage la forme d'une amorce de virole cylindrique, est généralement plus épais que le cylindre au bout duquel il vient se placer. L'article 5 veut que, s'il y a différence d'épaisseur, cette différence ne dépasse pas 20 % de l'épaisseur la plus forte. Il va de soi que cette limitation ne vise que le voisinage de la ligne de soudure : la tôle la plus épaisse peut, dans certains cas, être progressivement amincie de manière que son bord ait une épaisseur égale ou légèrement supérieure à l'épaisseur de l'autre tôle ; c'est, toutefois, à la condition que cet amincissement soit convenablement étudié et réalisé.

Le chanfreinage des bords est indispensable pour que le métal d'apport se soude complètement aux tôles sur une étendue suffisante et avec une parfaite continuité. Le découpage à chaud produisant fréquemment une oxydation superficielle, qui s'opposerait à une bonne soudure, il est indispensable que les chanfreins qui seraient dégrossis, par découpage à chaud, soient repris et achevés par enlèvement de métal à froid, par exemple au burin, à la meule ou à la lime. Il va de soi que ce façonnage doit être suivi, avant l'exécution de la soudure, d'un brossage énergique à la brosse métallique.

Il convient que l'angle formé par les chanfreins des deux tôles soit compris entre 70° et 90° et atteigne 90° si les tôles sont épaisses, afin de permettre à l'ouvrier soudeur de porter facilement les tôles à fusion franche et ainsi de souder à cœur.

Le choix est laissé libre par l'arrêté entre la soudure en X et la soudure en V. Ce choix peut être déterminé par diverses considérations. Il peut arriver que l'une des faces, bien que visible et même suffisamment accessible pour l'exécution d'une reprise, ne se prête pas commodément au travail de la soudure en X : on préférera alors la soudure en V. On estimait autrefois que la soudure en X était la seule recommandable pour les tôles de plus de 15 ou 20 millimètres d'épaisseur; mais l'augmentation de la puissance des chalumeaux et les progrès de la technique permettent de s'affranchir de cette limite moyennant des précautions appropriées. On reproche à la soudure en X d'être plus exposée au risque d'inclusions de scories au cœur de la jonction ; par contre, elle offre l'avantage de la symétrie des retraits au refroidissement et d'une meilleure résistance aux efforts de flexion accidentels.

Les arêtes des chanfreins, à la pointe du V ou au croisement des branches de l'X, doivent être très exactement en face l'une de l'autre ; elles ne se toucheront pas toujours, car il est de pratique courante de laisser entre elles un petit intervalle, afin d'éviter les chevauchements au cours du chauffage et de faciliter la traversée du métal d'apport.

L'apparition du métal d'apport, soit sur l'envers dans le cas de la soudure en V, soit au fond de la gouttière libre lors de la première des deux opérations de la soudure en X, est la meilleure garantie contre l'insuffisance de pénétration du métal. Cette pénétration peut se manifester sous la forme d'un cordon de métal fondu ou d'une suite de gouttelettes. L'arrêté précise que les gouttelettes doivent être suffisamment rapprochées et bien réparties. Il faut se garder de confondre avec le métal d'apport les scories d'oxyde qu'il pousse parfois devant lui. C'est seulement après avoir enlevé toute trace de scorie et dûment vérifié le bourrelet ou la ligne de gouttelettes que l'on peut procéder à la reprise à l'envers, dans le cas de la soudure en V, ou à la seconde opération de la soudure en X.

On remarque que, dans le cas de la soudure en V, l'arrêté ne rend pas la reprise à l'envers obligatoire. Cependant cette opération complémentaire est en général très utile et, à moins d'empêchement majeur, il ne convient pas de l'omettre. Elle peut être effectuée au fur et à mesure de l'exécution de la soudure principale, pourvu que la production du bourrelet ou des gouttelettes soit vérifiée au moment de cette exécution et que la reprise ne suive qu'avec le décalage nécessaire à cette vérification indispensable. Elle peut aussi être faite après l'achèvement de la soudure principale, soit au chalumeau, soit mieux, à l'arc électrique, procédé qui facilite les retouches locales.

Un cas où la reprise à l'envers est matériellement impossible est celui de l'exécution du dernier assemblage d'une capacité dont les dispositions et dimensions ne permettent pas d'y introduire et d'y manier les outils à souder. Il importe alors de placer et de conditionner ce dernier assemblage de manière que la partie soudée n'ait à supporter que des efforts de compression ou de faibles efforts de traction, sans flexion. Il doit d'ailleurs, être entendu que la soudure doit, même dans ce cas, pouvoir être vue du côté intérieur, conformément à la règle de la visibilité de l'envers ; la capacité doit donc posséder une ou plusieurs ouvertures ayant des dimensions et des emplacements tels que cette règle puisse être observée et que, par la suite, l'appareil puisse faire l'objet des visites prescrites par l'article 59 du règlement.

La surépaisseur produite par la soudure doit être régulière et modérée ; cette dernière expression doit s'entendre en ce sens qu'elle ne doit pas être supérieure à 25 °/₀ de l'épaisseur de la tôle. Sous cette réserve, elle est utile, comme contribuant à la résistance. Il ne faut pas qu'inversement la résistance soit diminuée par la présence de caniveaux ou de sillons comme en produit parfois une pénétration exagérée de la fusion dans le métal des tôles.

En règle générale, les bourrelets, gouttelettes et surépaisseurs ne doivent pas être enlevés ; ce sont, outre des éléments de la solidité de l'ensemble, des témoins de la bonne exécution de la soudure.

L'arrêté admet toutefois qu'on puisse les enlever dans certains cas, mais seulement lorsque cet enlèvement est commandé par une nécessité relative à la construction ou à l'emploi de l'appareil dont la pièce soudée doit faire partie. En pareil cas, l'ablation doit être faite avec toutes les précautions utiles pour éviter de produire des arrachements de métal ou des amorces de cassure.

Art. 6. — L'article 6 s'explique de lui-même. L'apparition d'une fuite, même légère, à l'emplacement d'une soudure qui intéresse la sécurité de l'appareil doit toujours être considérée comme une présomption de défectuosité grave. Le seul remède admissible, si le système d'assemblage est conservé, est une réfection franche de la soudure faite sur une étendue suffisante et avec tous les soins voulus.

ART. 7. — Le rechargement par soudure des tôles corrodées, effectué après que celles-ci ont été parfaitement piquées, nettoyées et brossées, et avec les soins nécessaires pour obtenir une parfaite liaison du métal d'apport avec la tôle sous-jacente, est un procédé qui rend d'utiles services, mais qui ne doit être employé que si les corrosions ne sont ni trop étendues ni trop profondes.

S'il s'agit d'une plage de corrossion, le rechargement par soudure est acceptable lorsque la diminution d'épaisseur de la tôle ne dépasse pas 25 % de l'épaisseur primitive. S'il s'agit de corrosions locales par piqûres ou points isolés, environnés de métal sain et ne constituant pas d'alignements dangereux, l'amincissement peut dépasser 25 %. Par contre, des sillons de corrosion, comme il s'en produit souvent le long des chanfreins de rivures, ne sauraient être rechargés par soudure sur une longueur tant soit peu notable, si l'on ne se trouve pas dans une partie solidement maintenue par un fort entretoisement.

Il va sans dire que, conformément à une indication du texte même de l'article 7, l'emploi de la soudure pour recharger des tôles doit répondre tout d'abord aux prescriptions des autres articles de l'arrêté. Cette disposition vise spécialement l'article 3, et, en particulier, l'interdiction d'appliquer la soudure à des parties ayant à travailler à la flexion, à moins qu'elles ne soient solidement entretoisées.

ART. 8. — L'article 8 pose des principes dont on ne saurait trop souligner l'importance, au sujet du personnel chargé des travaux de soudure et de quiconque est appelé à surveiller ces travaux ou à en vérifier les résultats. La soudure est un art très particulier, qui a sa technique propre, ses procédés, ses tours de main ; on a dit, non sans raison, que tant vaut le soudeur, tant vaut la soudure. Le personnel exécutant doit remplir deux conditions essentielles :

1° Il doit être expérimenté, et cette première règle impose au constructeur ou réparateur des devoirs stricts quant à son recrutement ou à sa formation préalable ;

2° Il ne suffit pas qu'il ait eu, à un moment quelconque, en même temps que l'expérience, l'entraînement, il faut encore qu'il l'ait conservé, car c'est un entraînement qui se perd faute d'exercice. C'est pourquoi l'arrêté précise que ledit personnel doit être non seulement expérimenté, mais affecté à ce travail soit exclusivement, soit d'une manière assez habituelle pour conserver l'entraînement nécessaire.

Quant aux personnes auxquelles mission est donnée, soit de surveiller l'exécution des soudures, soit de vérifier les soudures faites, elles doivent satisfaire, elles aussi, à deux conditions obligatoires, qui sont d'être compétentes et d'être expérimentées. La compétence ne suffirait pas ; il y a nécessité d'une suffisante expérience pour chacune des délicates fonctions de la maîtrise et du contrôle.

Art. 9. — Enfin, l'article 9 a un caractère différent de tous les articles qui précèdent. Il règle un point relatif à la manière de procéder aux épreuves, ce qui doit s'entendre des épreuves hydrauliques réglementaires effectuées, soit par le service des Mines, soit par une Association de propriétaires d'appareils à vapeur agréée à cet effet. Il prescrit l'exploration des lignes de soudure au marteau lors des épreuves consécutives à l'exécution des soudures. On remarquera la restriction résultant de ces derniers mots : L'exploration au marteau n'est pas rendue obligatoire lors de toute épreuve d'un appareil qui possède des soudures, mais seulement lors des épreuves consécutives à l'exécution d'une ou plusieurs soudures, soit qu'il s'agisse d'un appareil neuf, soit qu'il s'agisse d'un appareil modifié ou réparé à l'aide de la soudure ; et, dans le second cas, c'est seulement le long des soudures exécutées lors de cette modification ou de cette réparation que le martelage est imposé. Autrement dit, pour une soudure dont la ligne a été martelée une fois lors d'une épreuve réglementaire, l'article 7 n'exige pas le renouvellement du martelage lors des épreuves ultérieures.

Ce martelage est une opération de vérification qui requiert, pour sa bonne exécution, la compétence et l'expérience dont il est parlé au dernier alinéa de l'article 8. Il importe que le marteau ait une masse en rapport avec l'épaisseur des tôles : 800 grammes environ pour des tôles de 10 millimètres, 1.200 grammes pour des tôles de 20 millimètres.

Observations générales. — Les prescriptions de l'arrêté traduisent celles des règles de l'art qui ont paru pouvoir être formulées en termes simples et précis et à l'observation desquelles le service des Mines peut le plus efficacement tenir la main. Mais ce ne sont pas là toutes les règles de l'art à observer en matière de soudure autogène au chalumeau ou à l'arc et qu'il incombe aux constructeurs et réparateurs d'observer.

Il en est notamment une qui ne doit jamais être perdue de vue ; c'est de n'effectuer de soudure que dans des conditions telles que les tôles ou autres pièces sur lesquelles on opère puissent se dilater et se contracter librement. Sinon, les soudures cassent au refroidissement ou, si elles résistent, on est exposé à ce qu'il reste dans le métal des tensions dangereuses.

Une suffisante liberté de dilatation et de contraction est nécessaire quel que soit le procédé de soudure ; mais cette liberté a besoin d'être plus grande et demande plus de soins dans le procédé de soudure au chalumeau, qui produit un chauffage plus étendu que l'arc électrique. Les pièces de tôle, posées par ce procédé, doivent toujours avoir au moins un côté rivé, dont on n'exécute la rivure qu'une fois la soudure faite, et après les vérifications et rectifications nécessaires pour assurer sans brochage la parfaite concordance des trous.

Ces principes s'appliquent non seulement à la pose des pièces, mais à toutes autres réparations par soudure faites au chalumeau dans le voisinage des rivures : il faut, avant de procéder à la réparation, enlever les rivets sur une étendue suffisante pour obtenir la liberté de dilatation nécessaire et ne refaire la rivure qu'avec les précautions susindiquées.

Les deux procédés de soudure, au chalumeau oxy-acétylénique ou à l'arc électrique, ne peuvent pas toujours être employés indifféremment ; chacun a ses qualités propres et, dans certains cas, son champ d'application particulier.

Quant aux soins spéciaux à prendre pour la mise en œuvre de chacun d'eux, on trouvera, dans une note annexée ci-après, quelques indications susceptibles de servir, en l'état actuel de l'art, de principes à consulter.

Vous voudrez bien m'accuser réception de la présente circulaire, dont j'adresse directement ampliation aux ingénieurs des Mines.

Pour le ministre des travaux publics, et par délégation :

Le sous-secrétaire d'Etat au ministère des
travaux publics,

Falcoz.

Note sur quelques précautions à prendre dans chacun des procédés de soudure autogène.

I. Soudure au chalumeau oxy-acétylénique.

1° L'acétylène doit être convenablement épuré. Il ne suffirait pas de le laver et de le filtrer. Il est nécessaire de lui faire subir une épuration chimique le débarrassant de l'hydrogène phosphoré ou sulfuré et de tous produits azotés, en même temps que de lui enlever toutes particules solides en suspension.

A moins qu'il ne soit fait usage d'acétylène dissous de pureté garantie, cette épuration fait partie des précautions à prendre pour la mise en œuvre du procédé de soudure ;

2° L'oxygène ne doit pas contenir plus de 3 °/₀ d'impuretés;

3° Le débit du chalumeau doit être fonction de l'épaisseur des tôles à souder. Pour la soudure en V, on compte 100 litres d'acétylène à l'heure par millimètre d'épaisseur des tôles sans toutefois dépasser 2.500 litres, débit maximum auquel il est recommandable de se tenir pour les tôles de plus de 25 millimètres. Pour les reprises de soudure et pour la soudure en X, on peut réduire ce débit de 25 à 30 °/₀;

4° La section du métal d'apport doit aussi être fonction de l'épaisseur des tôles à souder. Par exemple, pour des tôles dont l'épaisseur varie de 8 à 30 millimètres, la section du métal d'apport variera de 20 à 50 millimètres carrés (fil ou baguette de 5 à 8 millimètres de diamètre);

5° Les métaux d'apport doivent être aussi purs que possible. On peut employer, soit le fer de Suède ou l'acier extra-doux très pur et de première qualité, soit certains alliages contenant des éléments destinés à jouer le rôle de désoxydants ou à compenser l'appauvrissement du bain de fusion. Avant tout, le métal d'apport ne doit présenter que des traces extrêmement faibles de soufre et de phosphore;

6° On doit employer des produits servant à scorifier l'oxyde, afin que celui-ci reste à la surface du bain de fusion et ne s'incorpore pas à la soudure;

7° La plus grande circonspection est de mise en ce qui concerne le martelage des soudures au cours de leur exécution. Ce martelage ne peut avoir d'efficacité que s'il est effectué sur le métal au rouge vif. Il serait dangereux à des températures plus basses.

II. Soudure à l'arc électrique.

1º Des mesures doivent être prises pour guider l'arc et pour protéger le métal contre l'oxydation et contre toute absorption de gaz (inclusion d'azote). Pratiquement, ces mesures consistent à employer des électrodes convenablement enrobées.

Les matières constituant les enrobages doivent être parfaitement homogènes et aussi pures que possible ; il suffirait de quelques impuretés pour rendre la soudure fragile. Si l'enrobage est fusible, de manière à scorifier l'oxyde en formant une couche de laitier protecteur, des soins très attentifs doivent être pris pour débarrasser complètement la surface de toute trace de scories avant chaque reprise ;

2º Les électrodes doivent remplir, quant à la qualité du métal, les mêmes conditions que les fils ou baguettes de métal d'apport dans le procédé au chalumeau. Leurs dimensions sont fonction de l'épaisseur des tôles à souder. Par exemple, pour des tôles dont l'épaisseur varie de 8 à 20 millimètres, la section du métal d'électrode variera de 15 à 30 millimètres carrés (baguettes de 4 à 6 millimètres de diamètre) ;

3º L'intensité du courant doit être fonction de la section des électrodes, de la structure du métal qui les constitue et de la nature de leur enrobage. Avec les électrodes enrobées, seules recommandables, la densité de courant convenable est comprise, suivant la nature des enrobages, entre 8 et 9 ampères par millimètre carré pour les petites électrodes de 4 millimètres de diamètre ; elle diminue légèrement quand le diamètre des électrodes augmente.

Une densité de courant insuffisante ne donnerait pas un chauffage assez énergique et l'on risquerait de n'obtenir qu'un collage au lieu d'une soudure ; par contre, en forçant la densité de courant, on grossirait le grain et l'on augmenterait la fragilité du métal ;

4º Il convient d'utiliser une source de courant stable donnant, soit du courant continu, soit du courant alternatif ayant une fréquence d'au moins 40 périodes par seconde, ainsi que des appareils de réglage d'un emploi facile et sûr. Les résistances métalliques doivent être faites d'un métal dont la résistivité ne change pas avec la température.

29/3/43